BAUSTEINE

Trainingsheft
Lesekompetenz

3

Erarbeitet von

Ricarda Paulisch
und Kerstin Riesberg

Diesterweg

Inhalt

Lesefähigkeit trainieren

Leseerfahrung sammeln

Texte besser verstehen

– Kompetenzen der Seite

– **Einführungsseite**: Hier werden Übungsformen und Methoden im jeweiligen Jahrgang eingeführt.

Texte präsentieren

Über mein Lernen nachdenken

Diese Zeichen findest du in deinem Trainingsheft:

Aha Hier steht, wie die Methode geht und wozu du die Methode brauchst.

Hier denkst du über dein Lernen nach.

Das kann ich schon sehr gut.

Das kann ich schon gut.

Das kann ich noch nicht so gut.

Das kann ich noch nicht.

Aufgabenarten in deinem Trainingsheft:

1 Auswahlaufgaben

1 wiedergeben und ausführen

1 anwenden und nachdenken

1 weiterdenken und begründen

mit einem Partnerkind trainieren

in der Gruppe trainieren

Tipp

Achtung!
Wenn ich in meinem Lesebuch eine Methode weiter trainiere und etwas markieren will, muss ich eine Folie über die Seite legen.

– **Übungsseite:**
Hier werden Inhalte vertiefend geübt und angewendet.

Beispielseiten aus dem Lesebuch
(978-3-425-16301-7), mit denen die Methode weiter trainiert werden kann.

Ferienerlebnisse

In den Ferien waren wir bei meinen Großeltern| Mein kleiner Bruder arbeitete mit Oma im Garten| Sie pflanzten Radieschen| Opa baute mit mir einen Kaninchenstall| Dabei habe ich mir einmal mit dem Hammer auf den Daumen gehauen| Das tat weh| An den Stall bauten wir eine Treppe, die in ein Freigehege führt| Dort können die Kaninchen herumtollen und im Gras selbst nach Löwenzahn suchen|

1 Lies den Text.

2 Kennzeichne die Satzgrenzen mit einem Strich |.

3 Wähle eine Aufgabe aus.

Schreibe die ersten drei Sätze aus dem Text oben mit Satzgrenzen in dein Heft.

Melisa und Emilia spielen Verstecken mit Niklas Niklas muss suchen und zählt bis fünfzig Als erstes sieht er Emilia Sie steht hinter der Rutsche

Kennzeichne die Satzgrenzen mit einem Strich.

Marvin malt seiner Freundin ein Bild auf diesem sind Luftballons ein Luftballon ist gelb und ein anderer rot dazu malt er einen Hund dieser wedelt mit dem Schwanz

Kennzeichne die Satzgrenzen.

In den Ferien waren wir auf einer 600 Jahre alten Ritterburg ich konnte einige Fotos machen und war total begeistert

Das hier ist der Bergfried der Burg der Turm ist unbewohnt und war der Hauptturm einer Burg später wurden auch Belagerungstürme so genannt

Diesen Raum finde ich besonders toll er heißt Kemenate dort hielten sich die Frauen auf in der Kemenate nähten und stickten sie und saßen gemütlich an einem Feuer beisammen

Die Waffen eines Ritters waren das Schwert, der Morgenstern, die Lanze und der Schild das hat meinem Bruder besonders gefallen am liebsten wäre er selbst ein Ritter

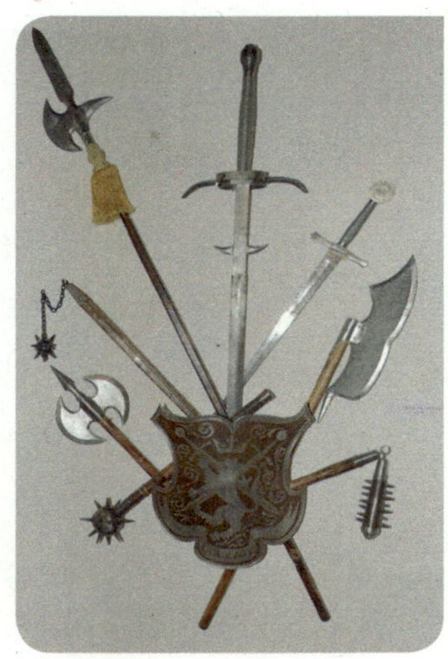

1. Lies die Texte.
2. Kennzeichne die Satzgrenzen mit einem Strich |.
3. Lies die Texte einem anderen Kind vor.

Ich kann Satzgrenzen erkennen. ☺ ☺ 😐 ☹

Obstkarten basteln

Das brauchst du:

- kleines Tonpapier (10 x 12 cm)
- Zeitschrift
- großes Tonpapier (10 x 24 cm)
- Bleistift
- dicke Nadel
- Klebstoff

☐

☐

☐

☐

So wird es gemacht:

1. Lege das kleinere Tonpapier (10 x 12 cm) auf eine Zeitschrift. Zeichne den Umriss eines Apfels darauf. Steche dann mit einer Nadel ganz dicht ein Loch neben dem anderen die Linie entlang. Wenn du den ganzen Umriss gestichelt hast, drücke das Obst vorsichtig heraus.

2. Falte nun das große Tonpapier. Lege es vor dir auf den Tisch und falte die schmalen Seiten einmal aufeinander. Bestreiche das kleine Tonpapier mit den ausgestichelten Umrissen des Obstes mit etwas Klebstoff. Lege es auf eine Hälfte des großen Tonpapieres.

3. Klebe das ausgestochene Obst auf die andere Hälfte des Tonpapiers. Klappe nun die Karte so zusammen, dass die Bilder außen sind. Jetzt ist deine Obstkarte fertig.

1 Ordne die Arbeitsschritte den Bildern zu. Trage die Nummern ein. Achtung! Ein Bild gehört nicht zu der Bastelanleitung.

Tipp

Bastle selbst Obstkarten.

Experimente im Glas

☐ **Experiment 1:** Stelle einen belaubten Zweig in einem Glas mit Wasser ins Sonnenlicht. Gieße auf die Wasseroberfläche eine dünne Schicht Speiseöl und stülpe über das Ganze ein großes Einmachglas. Schon nach kurzer Zeit sammeln sich an der Innenwand Wassertröpfchen.

☐ **Experiment 2:** Verdünne rote und grüne Füllhaltertinte mit etwas Wasser und fülle damit je ein Glasröhrchen. Stelle die Röhrchen in ein Trinkglas. Spalte den Stängel einer Blume mit weißer Blüte (Dahlie, Rose oder Nelke), und stecke je ein Stängelende in ein Röhrchen. Bald färben sich die feinen Stränge der Pflanze. Nach einigen Stunden färbt sich die Blüte zur Hälfte rot und zur Hälfte grün.

1. Welches Experiment passt zum Bild? Kreuze an.

2. Wähle eine Aufgabe aus.

☐ Regen im Glas ☐ Die zweifarbige Blüte

Welche Überschrift passt zu dem Bild oben? Kreuze an.

„Die Farbflüssigkeit steigt durch die haarfeinen Kanäle nach oben. In den Blütenblättern lagern sich die Farbstoffe ab.“

Welches Bild zeigt den beschriebenen Vorgang?

Suche ein Bild zu einem anderen Experiment. Schreibe einen passenden und einen unpassenden Text dazu. Kann ein anderes Kind herausfinden, welcher Text passt?

Ich kann Bildern passende Texte zuordnen. ☺ ☺ 😐 ☹

Mein neues Zimmer

Till ist ganz aufgeregt. Er bekommt ein neues Zimmer. Nun will er seinem Mitschüler Hasan erklären, wie er sein Zimmer einrichten möchte.
Dazu hat Till eine Skizze gezeichnet:

„Rechts neben dem Fenster steht mein blauer Schreibtisch. An der Wand zwischen Kleiderschrank und Schreibtisch steht mein graues Regal.
Links vom Fenster steht mein blaues Bett. Das Kopfende ist an der Wand.
Das Fußende ist am Fenster. Mein graues Nachttischchen steht links vom Kopfende. Vor dem Fenster steht eine grüne Palme.
Links neben der Zimmertür steht mein rotes Sofa.
Daneben in der Ecke lehnt die Gitarre an der Wand."

1. Male die Wortkärtchen in der passenden Farbe an.
2. Schreibe die Wortkärtchen an die passende Stelle im Zimmer.

– Text- und Bildinhalte vergleichen, Textinhalte im Bild ergänzen

Einführungsseite

Till räumt sein Regal ein

Till legt die Brettspiele in das Fach ganz unten rechts. In das Fach ganz unten links legt er seine Inliner. Seine Fotos stellt er in das Fach direkt darüber. Im Fach ganz oben in der Mitte möchte er seine Pokale aufbewahren. Die Gitarrennoten liegen im Fach darunter.

1. Schreibe die Namen der Gegenstände in die richtigen Fächer.

2. Wähle eine Aufgabe aus.

   - Trage ein: Auf das Regal stellt Till rechts den Stoffdino und links das Flugzeug.

   Till stellt sein Auto ...

   - Till hat noch ein Auto. In welches der drei freien Fächer stellt er es?
   - Trage ein: Die Sachbücher will er auf Augenhöhe haben. Er stellt sie in ein mittleres Fach. Die Rätselbücher stehen nicht über den Fotos.

Ich kann Bilder nach Angaben ergänzen.

Heute schon gelacht?

① Sagt der Lehrer: „Wenn die Herrschaften in der dritten Reihe etwas leiser sein würden so wie die Comicleser in der mittleren Reihe, dann könnten die Schüler in der ersten Reihe ungestört weiterschlafen!"

② Schülerin: „Herr Lehrer, was heißt das, was Sie unter meinen Aufsatz geschrieben haben?" Lehrer: „Du musst deutlicher schreiben!"

③ Fragt die Lehrerin: „Wer von euch kann mir sechs Tiere nennen, die in Australien leben?"
Meldet sich Fritzchen: „Ein Koala und fünf Kängurus."

④ „Wenn du schon zu spät kommst, könntest du dich wenigstens entschuldigen!", schimpft der Lehrer. Erwidert Erik: „Warum eigentlich? Mein Vater sagt immer, zum Lernen ist es nie zu spät!"

1 Lies die Witze.

2 Welcher Witz passt zum Bild? Witz Nummer 3

3 Jeder Witz ist in einer anderen Schrift geschrieben.
Welchen konntest du am besten lesen? Trage die Nummer ein: 4

– unterschiedliche Schriften lesen und nutzen

Einführungsseite

Witze unterschiedlich aufschreiben und lesen

Witze WITZE WITZE Witze

1 Schreibe oder klebe jeweils einen Witz in einer besonderen Schrift in die Kästchen. Du kannst auch den Computer nutzen.

2 Tausche mit einem Partnerkind das Heft. Lest die Witze des anderen.

Ich kann unterschiedliche Schriften lesen.

Zwei tierisch vermischte Gedichte

Ein verirrter Esel lachte
sich im Walde beinah tot,
Eine Feder flog über Land;
Ein Nilpferd schlummerte im Sand.
denn vor ihm auf einem Baume
saß ein Eichhörnchen, feuerrot.
Die Feder sprach: „Ich will es wecken“;
Sie liebte, andere zu necken.

Brüllend, prustend, quiekend, kichernd
rief er: So was sah ich nie!
Aufs Nilpferd setzte sich die Feder
Ha!l-A! Wie ist das komisch!
und streichelte sein dickes Leder.
Rote Haare hat das Vieh!

Lassen wir den Esel kichern!
Das gescheite Eichhörnchen spricht:
Das Nilpferd öffnete den Rachen
Über rote Haare lachen
und musste ungeheuer lachen.
nur die Esel – oder nicht?

Horst Bingel und Joachim Ringelnatz

Grau und rot

1 Was gehört zu diesem Gedicht? Markiere die Verse **rot**.

Die Feder

2 Was gehört zu diesem Gedicht? Markiere die Verse **blau**.

3 Lest euch die Gedichte gegenseitig vor.

1 Wähle eine Aufgabe aus.

Ein Bäcker fand neulich in Stade
im Brötchenteig eine Made.
Da setzten sie sich hin.
Er fragte sie bange:
Wohnst du hier schon lange?
Nein, sprach sie, ich bin ein Nomade.
Und der Hahn sprach: Man merkt, es ist Mai.

Zwei Verse gehören nicht in dieses Gedicht. Streiche sie durch.

Die aß er, ohne zu zahlen.

Doch traute sich keiner was zu sagen.

Ja, ist das ein Betragen?

Dann ging er fort über Land.

nahm ein Tiger sich Würstchen vom Stand.

Auf einem Markt in Bengalen

Setze aus den Versen ein eigenes Gedicht zusammen. Schreibe es auf.

Suche selbst zwei Gedichte oder Witze und vermische sie.
Wer erkennt, was zusammen gehört?

Ich kann erkennen, was zusammengehört.

Auf dem Schulweg

Nina, Alim, Alex und Felipa fahren zusammen mit ihren Fahrrädern zur Schule. Sie treffen sich um 7.20 Uhr vor dem Bäcker. Nina ist immer zuerst da und kauft sich noch ein Brötchen. Wenn alle da sind, fahren die Kinder zusammen los. Alim fährt vorn. Er hat ein neues Rad mit sieben Gängen und einem Alu-Rahmen. Alex fährt hinter Felipa und zum Schluss kommt Nina. Kurz vor der Ampel überholt Alex Felipa. Felipa ist wütend. Sie sollen sich doch nicht gegenseitig überholen. Alim hat noch Probleme mit der Gangschaltung und muss kurz anhalten. Als alle an ihm vorbeigefahren sind, tritt auch Alim wieder in die Pedale. Nina ruft: „Oh je! Mein Turnbeutel ist heruntergefallen!“ „Macht nichts, ich bringe ihn mit!“ ruft es da hinter ihr.

1. Alim, 2. Felipa, 3. Alex, 4. Alim

1. In welcher Reihenfolge fahren die Kinder beim Bäcker los?

1. Alex, 2. Felipa, 3. Nina, 4. Alim

2. In welcher Reihenfolge kommen die Kinder in der Schule an?

Alim

3. Wer hat Ninas Turnbeutel aufgehoben?

– zentrale Aussagen eines Textes durch die Verknüpfung von Informationen erfassen und wiedergeben

Einführungsseite

Mein Lieblingshaustier

Name	Kim	Fatima	Kim
Haustier	Hamster	Hund	Maus

Fatima steht in der Mitte.
Kim steht rechts.
Kim hat einen Hamster.
Tom mag Mäuse.
Ein Kind hat einen Hund.

1 Trage die Namen der Kinder und ihre Haustiere in die Tabelle ein.

Luisas Kleiderschrank

Kleidungsstück	Puli	Hose	Kleid
Farbe	rot	Geld	blau
Muster	punkte	Streifen	blumen

Luisas Pulli liegt im linken Fach.
Das Kleid hat keine Punkte.
Das Kleid liegt nicht im rechten Fach.
Die Hose ist gelb.
Das Kleidungsstück mit den Streifen hängt in der Mitte.
Auf dem blauen Kleidungsstück sind Blumen.
Ein Kleidungsstück ist rot.
Ein Kleidungsstück hat Punkte.

2 Trage die Kleidungsstücke und ihre Farben und Muster in die Tabelle ein.

Ich kann Aussagen verknüpfen.

Ein Gedicht für das Klassenfest

Auf unserem Klassenfest möchte ich ein Gedicht vortragen. Woran erkenne ich eigentlich ein Gedicht?

Der Hahn in der Wiese

Der Hahn hat einen Kamm,
mit dem er sich nicht kämmen kann.

Kamm hin, Kamm her - der Hahn ist eitel,
und kämmt der Wiese einen Scheitel.

Die hält, wenn sie der Hahn kämmt, still
und trägt das Gras dann wie sie will.

Reiner Kunze

Eines der ältesten Haustiere

Hühner gehören zu den ältesten Haustieren. Sie können bis zu 2,20 Kilogramm schwer werden. Viele Hühner haben einen roten Kamm und Kehllappen am Kopf. Bei den Hähnen ist der Kamm sehr groß. Hühner können mit ihren kräftigen Beinen sehr schnell rennen, dafür aber nicht so gut fliegen.

1 Bei welchem Text handelt es sich um ein Gedicht? Begründe deine Meinung.

Das Gedicht heißt ____________________

Der Autor heißt ____________________

Die Abschnitte in einem Gedicht nennt man Strophen.

Das Gedicht hat __________ Strophen.

2 Fülle den Lückentext aus.

(3) Welche Wörter reimen sich? Unterstreiche sie in derselben Farbe.

Ich brauche für das Gedicht ______________ verschiedene Farben.

(4) Wie viele verschiedene Farben brauchst du für das Gedicht?

(5) Wie sind die Reimwörter in dem Gedicht angeordnet?
Sprich mit einem anderen Kind über deine Beobachtungen.

Der Affenknabe Jodokus
turnte fröhlich durchs Gelände
und rief: „Es ist ein Hochgenuβ!
Ich hab statt Füβe Hände!“

Zum Schulhaus hopste er geschwind
und lernte buchstabieren:
„Seht her, ich bin ein Wunderkind!
Ich schreib mit allen Vieren!“

Peter Hammerschlag

(1) Unterstreiche die Reimpaare in derselben Farbe.

(2) Sind die Reimwörter anders angeordnet als in dem Gedicht „Der Hahn in der Wiese“? Tauscht euch aus.

Aha

So überprüfe ich, ob es sich bei einem Text um ein Gedicht handelt:
Ich achte auf bestimmte Merkmale:
- Ein Gedicht ist in Strophen unterteilt.
  Manche Gedichte haben auch nur eine Strophe.
- Jede Strophe besteht aus Versen.
- Am Ende der Verse stehen oft Reimwörter.
  Es gibt jedoch auch Gedichte ohne Reimwörter.

Dazu brauche ich diese Methode:
Ich kann Texte nach meinen Wünschen auswählen.

zum Beispiel: Seite 22, 23, 28, 29, 42, 43, ...

Märchen kennen

Es schleichen die schnurrenden Katzen
kaum hörbar auf samtenen Tatzen
auch Pfoten genannt
und oft zu spät erkannt
von Amseln und Mäusen und Spatzen.

Es war einmal eine alte Geiß, die hatte sieben junge Geißlein, und hatte sie lieb, wie eine Mutter ihre Kinder lieb hat.

Sie hatte einen wunderbaren Spiegel. Wenn sie vor den trat und sich darin beschaute, sprach sie: „Spieglein, Spieglein an der Wand, wer ist die schönste im ganzen Land?“

Tauben fliegen erstaunlich weit und sehr schnell. Da sie in der Luft gleiten können, brauchen sie nur selten mit den Flügeln zu schlagen. Aber auch zu Fuß kommen sie zügig vorwärts. Tauben dienen den Menschen auch als Brieftauben. Dabei finden sie über Strecken von mehr als 1.000 Kilometer wieder zurück nach Hause.

Da wurde die Hochzeit des Königssohns mit Dornröschen in aller Pracht gefeiert. Und sie lebten vergnügt bis an ihr Ende.

Das Mädchen rief ihre zahmen Täubchen:
„Ihr Turteltäubchen, all ihr Vöglein unter dem Himmel,
kommt und helft mir lesen, die guten ins Töpfchen,
die schlechten ins Kröpfchen.“
Da kamen zum Küchenfenster zwei weiße Täubchen herein.

1 Kreuze an, welche Textausschnitte vermutlich aus einem Märchen stammen. Begründe.

Märchenmerkmale

Es wird nicht genau gesagt, wann oder wo etwas passiert.

Märchenfiguren

Zaubersprüche oder Reime

Märchenschluss

... und sie lebten glücklich und zufrieden bis ans Ende ihrer Tage.
... und wenn sie nicht gestorben sind, dann leben sie noch heute.

„Ach wie gut, dass niemand weiß ..."
„Tischlein deck dich ..."

Vor langer Zeit ... Es war einmal ...
In einem Schloss ...

Hexe, Fee, Zwerge, sprechende Tiere, ...

1. Verbinde die Märchenmerkmale mit den passenden Beispielen.
2. Suche zu den Märchenmerkmalen Beispiele in den Märchenausschnitten. Unterstreiche sie in der passenden Farbe.

Aha

So überprüfe ich, ob es sich bei einem Text um ein Märchen handelt:
Ich achte auf bestimmte Merkmale:
- Es wird nicht genau gesagt, wann oder wo etwas passiert.
- Es gibt Märchenfiguren.
- Es gibt Zaubersprüche oder Reime.
- Es gibt einen Märchenschluss.

Dazu brauche ich diese Methode:
Ich kann Texte nach meinen Wünschen auswählen.

zum Beispiel: Seite 35–49, ...

Was magst denn du?

Jannik sagt: „Ich mag Pizza sehr gern.
Mein Vater macht außerdem leckeren Himbeerquark.
Den esse ich gern zum Nachtisch. Und ich trinke gerne Apfelschorle."

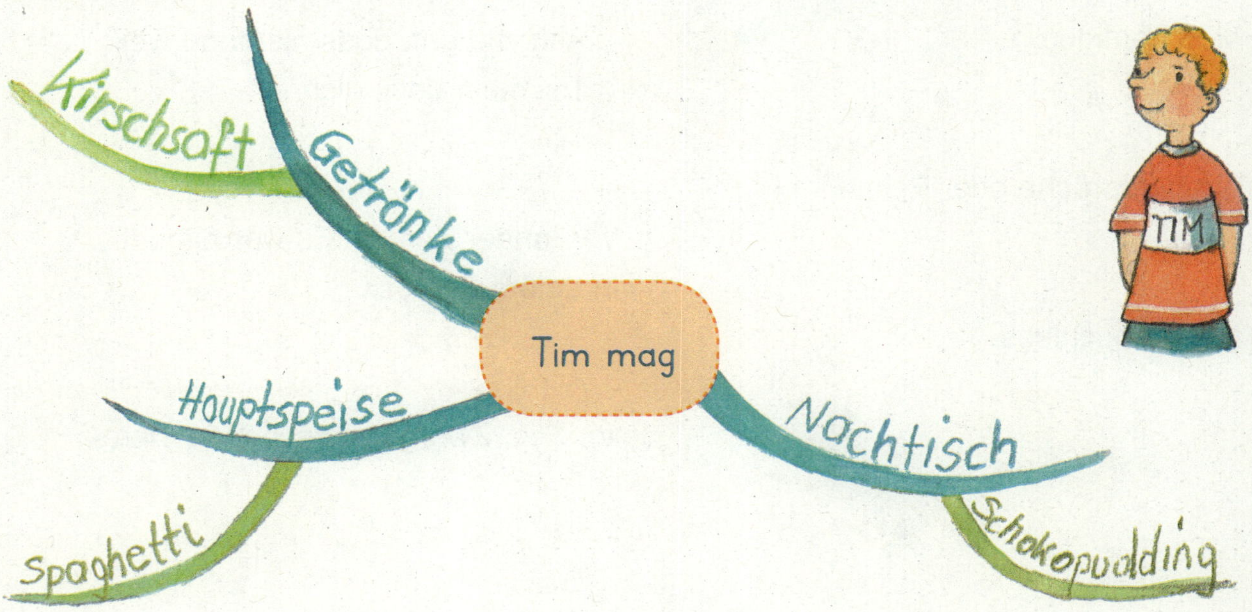

1. Lies den Text und schau dir die Zeichnung an.

Oberbegriffe	Jannik	Tim
Getränke		
Hauptspeise		
Nachtisch		

2. Trage ein, was Jannik und Tim mögen.

3. Tim hat eine Mindmap erstellt. Überlege mit einem anderen Kind wie er das gemacht hat. Verwendet die Wörter **Thema**, **Oberbegriff** und **genauere Information**.

Meine Mindmap

1. Stelle in einer Mindmap dar, was du gerne magst.

2. Findest du zusätzlich zu Getränke, Hauptspeise und Nachtisch noch weitere Oberbegriffe? Ergänze sie in deiner Mindmap.

3. Stelle deine Mindmap vor.

Aha

So lese ich eine Mindmap (Gedankenkarte):

- Die Mitte der Mindmap nennt das **Thema**.
- Auf den dicken Ästen stehen die **Oberbegriffe**.
- Die dünneren Äste, die von den Oberbegriffen wegführen, geben **genauere Informationen**.

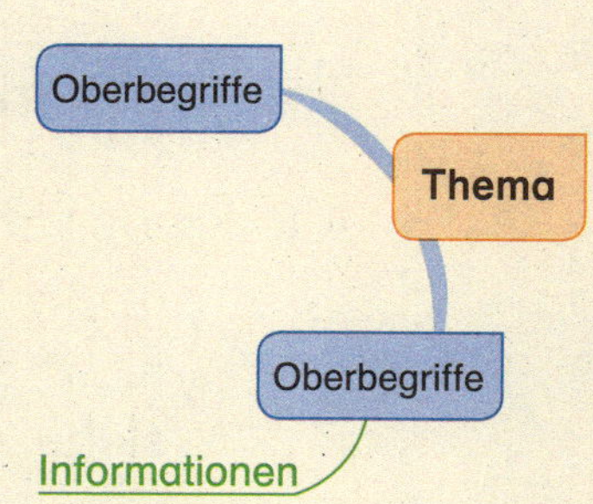

Dazu brauche ich diese Methode:
In einer Mindmap kann ich Informationen übersichtlich ordnen.

zum Beispiel: Seite 30, 55, 85, ...

Durstlöscher gesucht!

Jannik und Tim wollen nun herausfinden,
was ihre 22 Mitschüler gern trinken.
Sie befragen sie. Ihre Ergebnisse stellen sie so vor.

Umfrage zu den Lieblingsgetränken der Klasse 3b:

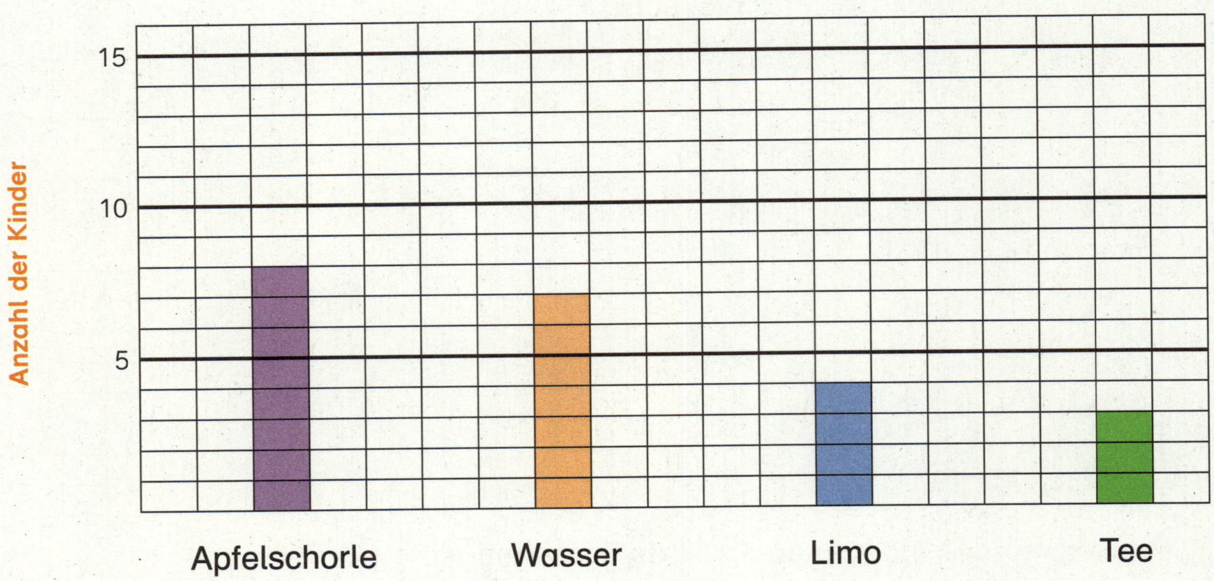

	stimmt	stimmt nicht
Jannik und Tim haben 22 Kinder befragt.	☐	☐
Fünf Kinder trinken gern Kakao.	☐	☐
Am liebsten wird Apfelschorle getrunken.	☐	☐
Drei Kinder trinken gerne Tee.	☐	☐
Alle Kinder trinken gerne Limonade.	☐	☐

1. Welche Aussage stimmt, welche stimmt nicht? Kreuze an.

– diskontinuierliche Texte kennen und nutzen | **Einführungsseite**

Schulfrühstück – was bieten wir an?

Die Klasse 3b ist mit dem Schulfrühstück dran.
Sie stimmen darüber ab, was es geben soll:
Vier Kinder sind für einen ABC-Joghurt.
Die Dinkelpizza wünschen sich
zehn Kinder.
Die Käsespieße möchten sieben Kinder.
Drei Kinder stimmen für den Früchtebecher.

1 Erstelle zu dem Abstimmungsergebnis der Klasse 3b ein Säulen-Diagramm.

Aha

So lese ich ein Säulen-Diagramm:

- Der linke Rand des Säulen-Diagramms zeigt mir die Menge.
- Unten kann ich ablesen, worum es geht.
- Die größte Säule zeigt die größte Menge,
  die kleinste Säule die kleinste Menge.

Dazu brauche ich diese Methode:
In einem Säulen-Diagramm kann ich Informationen ablesen
und sie miteinander vergleichen.

zum Beispiel: Seite 30, 55, 85, ...

Was möchtest du wissen?

1 Betrachte erst nur die Bilder auf Seite 25 und lies die Überschrift des Textes.
Lies dann die fett gedruckten Textteile in jedem Abschnitt.

2 Welches der Kinder sollte den Text gründlich lesen?

	wird vermutlich beantwortet	wird vermutlich nicht beantwortet
a) Wie heißen die Jungen des Wildschweins?	☐	☐
b) Wie sehen Wildschweine aus?	☐	☐
c) Leben Wildschweine zusammen?	☐	☐
d) Was fressen Hirsche?	☐	☐
e) Warum wälzen sich Wildschweine im Matsch?	☐	☐
f) Welche Vögel bleiben im Winter bei uns?	☐	☐

3 Welche der Fragen werden in dem Text vermutlich beantwortet?

Leben im heimischen Wald – das Wildschwein

Das Wildschweinweibchen heißt Bache und die Jungen Frischlinge. Das männliche Wildschwein wird Keiler genannt. Die Jäger nennen das Wildschwein auch Schwarzwild.

Wildschweine sind Verwandte des Hausschweins. Sie haben borstige Haare und lange Eckzähne. Die Haare sind grau-schwarz, manchmal ist auch Braun dabei. Braune Wildschweine heißen Bräunlinge. Das Wildschwein hat eine rüsselartige Schnauze.

Wildschweine leben in einer Familie zusammen. Diese Familie nennt man Rotte. Sie wird von einer Leitbache angeführt. Das ist ein weibliches Schwein, das schon älter ist und viel Erfahrung hat. Die Leitbache zeigt der Rotte, wo es etwas zu fressen gibt. Sie warnt sie auch vor Gefahren.

Wildschweine wälzen sich gerne in Schlamm und Matsch. Da Wildschweine nicht schwitzen können, müssen sie sich anders abkühlen. An heißen Tagen legen sie sich deshalb in ein Schlammloch. Das hilft auch gegen Zecken und Läuse.

Diese Fragen wurden beantwortet: ______________________________

1 Welche Fragen aus Aufgabe 3 werden im Text beantwortet? Notiere die Buchstaben.

Aha

So lese ich überfliegend:

- Ich lese erst nur die Überschrift und schaue die Bilder zum Text an.
- Ich lese nur den Anfang der einzelnen Abschnitte.

Dazu brauche ich diese Methode:

Ich erkenne schnell, worum es in einem Text geht.
Dann entscheide ich, ob ich den Text gründlich lesen möchte.

eignet sich vor allem für sämtliche Sach- und Erzähltexte aus dem Lesebuch

Der Mensch erobert den Himmel

Am 4. Juni 1783 versammelten sich die Bewohner von Annonay, das ist ein Ort in Frankreich, auf dem Marktplatz. Sie trauten ihren Augen nicht. Die Brüder Montgolfier hielten einen riesigen Ballon über ein loderndes Feuer. Plötzlich bewegte sich der Ballon. Wie von Geisterhand schwebte er in den Himmel! So war es damals, als der erste Ballon in den Himmel stieg.

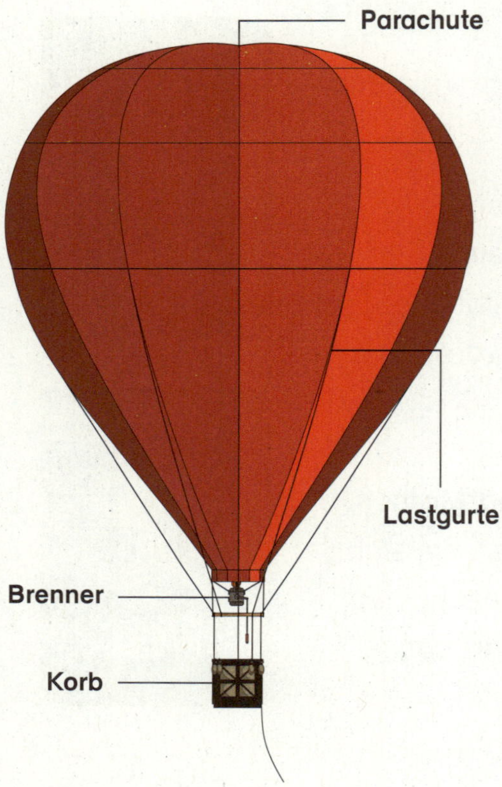

Wenn ein Heißluftballon heute steigen soll, muss man die Luft im Inneren des Ballons mit dem Brenner erwärmen. Wenn der Ballon sinken soll, öffnet man den Parachute. Das ist ein kleiner Fallschirm. Er verschließt die Ballonhülle. Wenn der Parachute geöffnet wird, entströmt die heiße Luft. Der Ballon sinkt. Damit der Ballon Stabilität erhält, werden Lastgurte in die Ballonhülle eingenäht. Sie beginnen ganz oben und führen bis zur unteren Ballonöffnung. Dort sind sie zu Schlaufen genäht. An den Schlaufen werden die Tragseile für den Korb befestigt.

1. Lies den Text genau. Markiere die Wörter, die du nicht kennst, mit einer Schlangenlinie.

---

loderndes steht in Zeile _____ , **Montgolfier** steht in Zeile _____ ,

Brenner steht in Zeile _____ , **Parachute** steht in Zeile _____ und in Zeile _____

2. In welchen Zeilen im Text stehen diese schwierigen Wörter?

– Verstehenshilfen anwenden: Aus dem Text, nachfragen, nachschlagen

	Das finde ich heraus, wenn ich den Text gründlich lese oder mir die Zeichnung anschaue.	Hier muss ich jemanden fragen oder das Wort nachschlagen.
loderndes	☐	☐
Montgolfier	☐	☐
Brenner	☐	☐
Parachute	☐	☐

1. Was bedeuten diese Wörter? Kreuze an, wo du Hilfe findest.
2. Findet heraus, was die Wörter bedeuten. Erklärt sie euch gegenseitig.

Ich vermute Stabilität bedeutet ...

☐ Geschwindigkeit, ☐ Festigkeit und Haltbarkeit, ☐ schönes Aussehen.

3. Vermute, was das Wort Stabilität bedeutet.

Ich kenne das Wort ______________________ nicht.

Es bedeutet ______________________ .

4. Hast du noch ein anderes Wort entdeckt, das du nicht kennst?
Finde heraus, was es bedeutet.

Aha

So kläre ich unbekannte Wörter:
Wenn ich Wörter finde, die ich nicht kenne,
- prüfe ich, ob die Wörter im Text erklärt werden.
- sehe ich mir die Bilder oder Zeichnungen ganz genau an,
- frage ich jemanden oder schlage die Wörter nach.

Dazu brauche ich diese Methode:
Ich kann den Text besser verstehen.

zum Beispiel: Seite 8, 55, 72, 114, ...

Aus dem Tierlexikon – der Maikäfer

Aussehen

Maikäfer werden zwei bis drei Zentimeter lang und haben sechs Beine. Typisch für Maikäfer sind die braunen Flügel und das schwarzweiße Zickzackmuster an der Seite. Besonders auffällig sind die Fühler der Maikäfer. An ihnen lassen sich Männchen und Weibchen leicht voneinander unterscheiden: Maikäfer-Männchen haben Fühler mit je sieben Blättchen, Weibchen besitzen nur sechs Blättchen, die außerdem deutlich kleiner sind.

Lebenserwartung

Die meiste Zeit ihres Lebens verbringen Maikäfer als Larven unter der Erde. Die Larven heißen Engerlinge. Nach drei bis vier Jahren kriechen sie aus der Erde und pflanzen sich als Käfer fort. Sie sterben dann nach vier bis sechs Wochen. Dadurch kommen alle 4 Jahre besonders viele Maikäfer aus der Erde.

Lebensraum und Nahrung

Maikäfer kommen vor allem in Laubwäldern vor.
Sie fressen überwiegend Blätter. Die Larven fressen unter der Erde Wurzeln und Knollen an.
Damit bringen sie Pflanzen und Bäume zum Absterben.
Deshalb werden Maikäfer auch als Schädlinge bekämpft.

Wie groß werden Maikäfer?	Was fressen die Larven des Maikäfers?

1 Schreibe die Kurzantworten zu den W-Fragen in die Kästchen.

2 Unterstreiche die passenden wichtigen Informationen im Text.

Die meiste Zeit ihres Lebens verbringen Maikäfer als Larven unter der Erde. Die Larven heißen Engerlinge. Nach drei bis vier Jahren kriechen sie aus der Erde und pflanzen sich als Käfer fort. Sie sterben dann nach vier bis sechs Wochen.

Wie lange leben die Larven des Maikäfers unter der Erde?

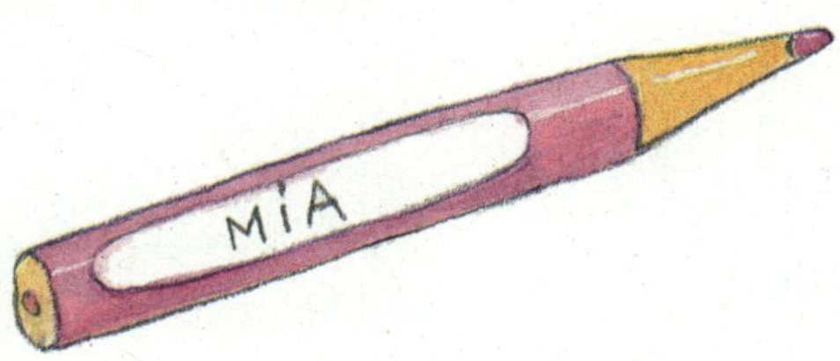

Die meiste Zeit ihres Lebens verbringen Maikäfer als Larven unter der Erde. Die Larven heißen Engerlinge. Nach drei bis vier Jahren kriechen sie aus der Erde und pflanzen sich als Käfer fort. Sie sterben dann nach vier bis sechs Wochen.

1 Wer hat die passenden wichtigen Informationen unterstrichen?

2 Bilde selbst drei **W**-Fragen. Unterstreiche im Text die wichtigen Informationen dazu.

Aha

So finde ich wichtige Informationen in einem Text:

- Ich lese den Text.
- Ich stelle W-Fragen an den Text.
- Ich unterstreiche die wichtigen Informationen im Text.

Dazu brauche ich diese Methode:

Ich kann wichtige Informationen im Text schneller wiederfinden.

zum Beispiel: Seite 32–33, 46–47, 52–53, 69, 78–80, …

Eine Geschichte nacherzählen

Hilfe für „Kleine Wolke“

An einem sonnigen Morgen reitet der Indianerjunge Kleine Wolke zum Fluss. Plötzlich stürzt er vom Pferd und schlägt sich das Knie auf.
Als er abends in seinem Zelt liegt, hat er starke Schmerzen. Die Wunde hat sich entzündet und Kleine Wolke bekommt hohes Fieber.
Blaue Feder, seine Mutter, wacht bei ihm. Sie macht sich große Sorgen. Der Medizinmann untersucht Kleine Wolke und sagt: „Ich brauche die heilenden Kräuter von der Biegung des Flusses.“
Das ist sehr weit. Blaue Feder flüstert: „Wir holen deinen Vater.“ Die Männer des Stammes sind aber auf der Jagd. Zwei alte Indianer geben von einem Felsen aus Rauchzeichen.
Der Vater von Kleine Wolke sieht die Zeichen und reitet schnell zurück zum Lager. Dort erfährt er, was geschehen ist. Schnell reitet er zum Fluss und holt die Kräuter.
Der Medizinmann macht daraus eine Salbe und reibt sie vorsichtig auf das Knie. Kleine Wolke schläft einen Tag und eine Nacht. Als er wieder aufwacht, sagt er: „Mir geht es gut. Ich habe Hunger. Ich könnte einen ganzen Büffel essen.“

Katja Reider

Wer kommt in der Geschichte vor?

Wo spielt die Geschichte?

Was geschieht am Anfang?

Wie geht es weiter?

Wie endet die Geschichte?

Wer kommt in der Geschichte vor?

Indianerjungen, Kleine Wolke,
Blaue Feder, Medizinmann.

Wo spielt die Geschichte?

Im Lager, am Fluss, Zelt

Was geschieht am Anfang?

Kleine Wolke schlägt sich das Knie auf.

Wie geht es weiter?

Die Wund entsündet sich.
der Medizinman hilft mir.

Wie endet die Geschichte?

Kleine wolke wirt gesund
es hat hunger.

1 Schreibe die Antworten zu den Fragen in Stichworten auf.

2 Erzähle einem anderen Kind, worum es in dem Text geht.

Aha

So erzähle ich eine Geschichte nach:

- Ich überlege: Wer kommt vor? Wo spielt die Geschichte? Was geschieht am Anfang? Wie geht es weiter? Wie endet die Geschichte?
- Ich schreibe Antworten in Stichworten auf.
- Ich erzähle die Geschichte mithilfe der Stichworte nach.

Dazu brauche ich diese Methode:
Ich kann eine Geschichte so nacherzählen, dass auch andere wissen, worum es geht.

zum Beispiel: Seite 16–17, 38–40, 48–49, 86–87, 106–107, ...

Meinungen zu einem Text austauschen

Der Hund und das Stück Fleisch

Ein großer Hund hatte einem kleinen Hündchen einen großen Brocken Fleisch abgejagt. Schnell rannte er mit seiner Beute davon.

Als er über eine schmale Brücke lief, fiel sein Blick zufällig ins Wasser. Da sah er unter sich im Wasser einen Hund, der ebenfalls gierig seine Beute festhielt.

„Der kommt mir gerade richtig“, sagte der Hund auf der Brücke. „Sein Stück Fleisch scheint noch größer zu sein als meins.“ Voller Gier stürzte er sich in den Bach und biss nach dem Hund, den er von der Brücke aus gesehen hatte. Er ruderte wild im Bach umher und spähte nach allen Seiten. Aber er konnte den Hund mit dem Stück Fleisch nicht mehr entdecken.

Da fiel dem Hund sein soeben erbeutetes, eigenes Stück Fleisch wieder ein. Wo war es geblieben? Verwirrt tauchte er unter, um danach zu suchen. Doch vergeblich! So hatte er beides verloren, das Fleisch und das Spiegelbild davon.

nach Äsop

1. Erzählt euch, worum es in dem Text geht.

---

2. Bilde dir eine Meinung. Was könnte der Hund über sich selbst gelernt haben?

3. Begründe deine Meinung.

– eigene Gedanken zu Texten entwickeln, Meinungen äußern, austauschen, überdenken

Stimmt, ich finde auch, dass …

Warum meinst du, dass …

Nein, da bin ich anderer Meinung, weil …

1 Sprecht über eure Meinungen. Die Satzanfänge können euch helfen.

Diese neuen Gedanken habe ich erfahren:

2 Wenn du neue Gedanken erfahren hast, schreibe sie auf.

☐ Ich bleibe bei meiner Meinung.

☐ Ich ändere meine Meinung:

3 Überlege, ob du bei deiner Meinung bleibst oder ob du sie ändern möchtest.

Aha

So tauschen wir Meinungen zu einem Text aus:

- Ich bilde mir eine Meinung zum Text und begründe meine Meinung.
- Wir sprechen miteinander und tauschen unsere Meinungen aus.
- Ich höre mir die Meinungen der anderen genau an.
- Im Gespräch kann ich nachfragen, zustimmen oder widersprechen.
- Nach dem Gespräch überdenke ich meine Meinung.

Dazu brauche ich diese Methode:

Ich kann neue Gedanken erfahren und meine Meinung überdenken.
Ich lerne den Text noch besser kennen.

zum Beispiel: Seite 12–13, 48–49, 82–83, 94–95, 98–99, …

Feuerwerk am Himmel

An einem schwülen Sommernachmittag verdunkelt sich plötzlich der Himmel. Eben schien noch die Sonne und jetzt grollt es dumpf aus der Ferne. Ein kühler Wind kommt auf. Regentropfen prasseln. Ein greller Blitz zerreißt die Dunkelheit. Es gewittert.

Damit ein Gewitter entsteht, muss feuchtwarme Luft vom Boden aufsteigen und sich abkühlen. In der Luft bilden sich dadurch kleine Wassertropfen. Wolken entstehen. Ganz oben in der Wolke gefrieren die Wassertropfen zu Eisstücken. Wenn die Wolke dann aussieht wie ein Amboss, wird es gefährlich. Warme Luft trifft kalte Luft und es blitzt und donnert.

Im Haus sind wir vor den Blitzen ziemlich sicher. Auch in einem Auto mit geschlossenen Türen und Fenstern droht uns keine Gefahr. Im Freien solltest du in die Hocke gehen. Stelle die Füße dicht nebeneinander. Lege beide Arme um deine Knie.

Seen und Schwimmbecken sind sehr gefährliche Orte während eines Gewitters. Stelle dich auch niemals unter einzelne Bäume oder kleine Baumgruppen. Halte dich auch nicht in der Nähe von Aussichtstürmen, Masten oder Metallzäunen auf.

Der Text ist in ____________ Textabschnitte unterteilt.

1 Zähle die Textabschnitte.

– Verstehenshilfen nutzen: Text zerlegen
– zentrale Aussagen erfassen

Einführungsdoppelseite

So entsteht ein Gewitter

Sichere Orte und richtiges Verhalten bei Gewitter

Ein Gewitter zieht auf

1 Diese Zwischenüberschriften passen zu den ersten drei Textabschnitten. Markiere sie in der Farbe des zugehörigen Abschnittes.

2 Vergleicht eure Lösungen.

3 Schreibe die Zwischenüberschriften über die passenden Textabschnitte.

Eine Zwischenüberschrift ...

- ☐ ist möglichst lustig oder spannend.
- ☐ fasst kurz zusammen, wovon der Textabschnitt handelt.
- ☐ enthält meine Meinung zum Text.

4 Welche Aussage ist richtig? Kreuze an.

5 Schreibe eine passende Zwischenüberschrift über den vierten Textabschnitt.

6 Lege deinen Finger ganz schnell auf den Textabschnitt, in dem richtiges Verhalten bei Gewitter beschrieben wird.

7 Sprecht darüber, wobei euch Zwischenüberschriften helfen.

Aha

So finde ich Zwischenüberschriften:

- Ich lese jeden Textabschnitt.
- Ich überlege, worum es in dem Abschnitt geht.
- Ich schreibe eine Zwischenüberschrift auf. Darin fasse ich kurz zusammen, wovon der Abschnitt handelt.

Dazu brauche ich diese Methode:
Ich kann mich besser im Text zurechtfinden.

zum Beispiel: Seite 24–25, 38–40, 48–49, 86–87, 130–131, ...

Wann Freunde wichtig sind

Freunde sind wichtig
zum Sandburgenbauen,
Freunde sind wichtig,
wenn andre dich hauen,
Freunde sind wichtig
zum Schneckenhaussuchen,
Freunde sind wichtig
zum Essen von Kuchen.

Vormittags, abends,
im Freien, im Zimmer ...
Wann Freunde wichtig sind?
Eigentlich immer!

Georg Bydlinski

1. Markiere alle Stellen im Text **blau**, die sagen, wann Freunde wichtig sind.

2. Wann können Freunde noch wichtig sein? Schreibe Ideen dazu.

Wann Freunde wichtig sind

Freunde sind wichtig

Freunde sind wichtig

Freunde sind wichtig

Freunde sind wichtig

1 Schreibe ein eigenes „**Wann Freunde wichtig sind**“-Gedicht.

Aha

So forme ich ein Gedicht um:
- Ich lese das Gedicht mehrmals.
- Ich suche eine eigene Schreibidee.
- Ich überlege, was ich beibehalten möchte.
- Ich gestalte das Gedicht mit meinen Ideen.

Dazu brauche ich diese Methode:
Ich lerne das Gedicht besser kennen.
Ich kann damit lernen, selbst Gedichte zu schreiben.

Aus Glas

Manchmal denke ich mir irgendwas.
Und zum Spaß,
denke ich mir jetzt, ich bin aus Glas.

Alle Leute, die da auf der Straße gehen,
bleiben stehen,
um einander durch mich anzusehen.

Und die vielen andern Kinder schrein:
Ei wie fein!
Ich, ich, ich will auch durchsichtig sein!

Doch ein Lümmel stößt mich in den Rücken.
Ich fall hin ...
Klirr, da liege ich in tausend Stücken.

Ach, ich bleibe lieber, wie ich bin!

Josef Guggenmos

1 Markiere alle Stellen im Text **blau**, die die Person *aus Glas* beschreiben.

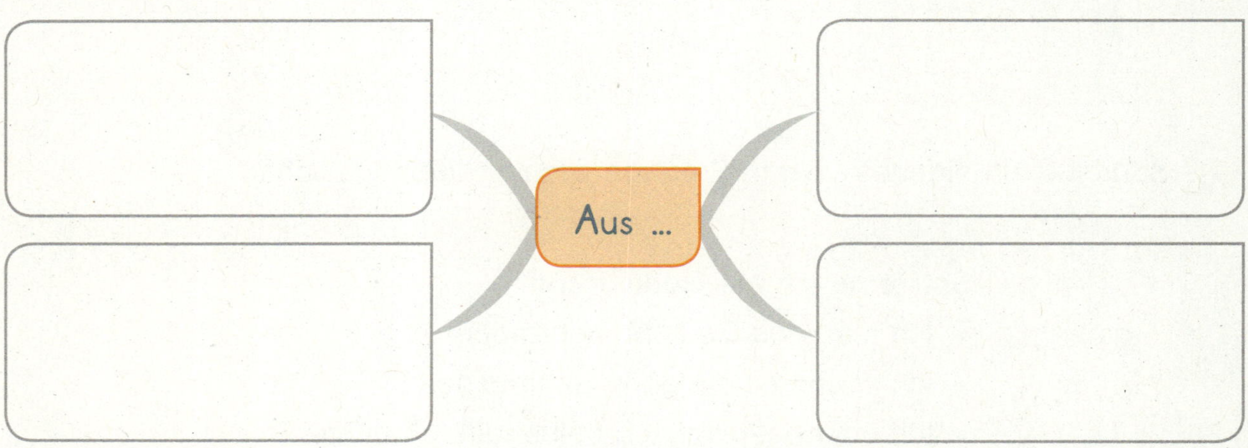

2 Woraus könntest du sein? Vielleicht *aus Holz*, *Stein*, ... ? Trage ein, woraus du bist. Was könntest du dann erleben? Schreibe Ideen dazu.

3 Markiere **rot**: Alle Wörter und Sätze in dem Gedicht und in deinem Ideennetz, die du gern in einem eigenen Gedicht verwenden möchtest.

Aus ...

Manchmal denke ich mir ...
Und ...
Denke ich mir jetzt ...

Doch ...

Ach, ...

1 Schreibe ein neues „Aus ...“-Gedicht und stelle es vor.

Ich kann ein Gedicht umformen.

zum Beispiel: Seite 19, 21, 71, 89, 104, ...

Wie weckt man eine Elfe?

Die kleine Elfe spähte durch die Fensterscheibe. Viele Leute waren hier, die sie noch nie gesehen hatte. Normalerweise lebte in dem alten Fachwerkhaus nur die Familie Buchmacher: der Vater, die Mutter und die zehnjährigen Zwillingstöchter. Obwohl die beiden Zwillinge waren, hätten sie kaum unterschiedlicher sein können. Pauline war sieben Minuten älter als ihre Schwester. Sie hatte langes blondes Haar, mit dem sie jeden Tag eine neue Frisur ausprobierte. Florentine hatte ebenfalls langes, aber dunkelbraunes Haar, das sie am liebsten zu einem einfachen Zopf zusammenband. Florentine und Pauline hatten beide große blaue Augen, fein geschwungene Brauen und Lachgrübchen in den Wangen.

Ihre Charaktere waren allerdings extrem gegensätzlich. Pauline war ein selbstbewusstes Mädchen, das oft lachte und gern modische Klamotten trug. Doch sie war weder eingebildet noch angeberisch. Meist war sie sehr freundlich zu allen. Florentine blieb in der Regel im Hintergrund und war auch viel unscheinbarer gekleidet als Pauline. Außerdem wirkte sie oft nachdenklich und schaute hin und wieder sogar recht düster drein. Aber die kleine Elfe wusste, dass Florentine lediglich ein wenig schüchtern war. Eigentlich war sie ein sehr aufgewecktes, fantasievolles Mädchen. Geschichten erfinden war Paulines großes Talent. Die Elfe wusste, dass Florentine ebenfalls ein besonderes Talent hatte. Die Elfe wusste nicht, warum das Mädchen ein Geheimnis daraus machte.

Tanya Stewner

1. Markiere alle Stellen im Text **rot**, die beschreiben, wie Pauline aussieht.

2. Markiere alle Stellen im Text **blau**, die ihre besonderen Fähigkeiten und Eigenschaften beschreiben.

3. Erzähle einem anderen Kind, was du über Pauline erfahren hast.

1 Markiere alle Stellen im Text grün, die beschreiben, wie Florentine aussieht.

2 Markiere alle Stellen im Text orange, die Florentines besondere Fähigkeiten und Eigenschaften beschreiben.

3 Erzähle einem anderen Kind, was du über Florentine erfahren hast.

4 Welches Talent könnte Florentine haben? Warum hält sie es geheim?

5 Verstehen sich Florentine und Pauline gut? Begründe deine Meinung.

Aha

So beschreibe ich eine Figur:
- Ich suche und markiere Textstellen,
  - die das Aussehen der Figur beschreiben.
  - die besondere Fähigkeiten und Eigenschaften der Figur beschreiben.
- Ich erzähle oder schreibe auf, was ich über die Figur erfahren habe.

Dazu brauche ich diese Methode:
Ich lerne eine Figur besser kennen.

zum Beispiel: 14–15, 52–53, 58–59, 106–107, 124, ...

Einen Text ausdrucksstark vorlesen

Du! Nein, du!

Ich bin so wütend. Wir haben so schön gespielt,
und dann kommt die da und macht alles kaputt!
Und dabei hätte ich gerade gewonnen.
Wenn sie den Stein nicht weggenommen hätte,
hätte ich sie auch nicht angeschrien.
Aber deshalb darf sie mich noch lange nicht schubsen!

Von wegen gewinnen! Ich habe gesehen, dass du deinen
Stein auf den völlig falschen Platz gelegt hast.
Ich wollte dir nur helfen,
Und zum Dank brüllst du mich an.
Da musste ich mich ja wehren.
Und dann kam die da und hat mich getreten.
Das tat richtig weh!

Hey, jetzt hört doch mal auf zu streiten. Das ist doch doof.
Ihr habt gespielt, und du hast gesehen, dass ein Stein
verkehrt lag und wolltest helfen.
Aber als du den Stein ohne zu fragen genommen hast,
sind die zwei anderen wütend geworden und ihr habt euch
gestritten und gehauen. Das ist doch eigentlich blöd.

Vorlese-Zeichen

Hier mache ich eine Pause: |
Hier spreche ich am Ende der Zeile ohne Pause weiter: →
Hier spreche ich betont: ______

(1) Wie möchtest du den Text vorlesen?
Schreibe die Vorlesezeichen in und neben den Text.

1 Sprecht darüber, was das Mädchen damit meint.

traurig | sachlich | laut | leise | wütend | ängstlich | lustig

Aber deshalb darf sie mich noch lange nicht schubsen!

2 Lies den Satz mit unterschiedlichem Gefühlsausdruck und unterschiedlicher Lautstärke vor.

3 Sprecht darüber, wie sich die Bedeutung des Satzes verändert.

4 Überlege, mit welchen Gefühlsausdrücken du den Text **Du! Nein, du!** vorlesen möchtest. Markiere in den entsprechenden Farben.

5 Lest euch eure Texte gegenseitig vor.

Aha

So lese ich einen Text ausdrucksstark vor:

- Ich lese den Text mehrmals und schreibe Vorlesezeichen an den Text.
- Ich entscheide, mit welchem Gefühlsausdruck und mit welcher Lautstärke ich vorlesen möchte.
- Ich übe meinen Vortrag.

Vortrag

- Ich spreche ausdrucksstark.
- Ich schaue die Zuhörer hin und wieder kurz an.

Dazu brauche ich diese Methode:

Ich kann besser nachfühlen, worum es in einem Text geht.
Ich kann einen Text so vorlesen, dass andere mir interessiert zuhören.

zum Beispiel: Seite 7, 10–11, 12–13, 18, 42, 58–59, ...

Leseratten empfehlen …

Ich lese das gern, weil mir die Bücher gefallen. Der Autor schreibt spannende Bücher. Ich freue mich schon auf das nächste Buch!

Das Buch „Karlotta und die sieben Räuberväter“ von Ursel Scheffler fand ich total spannend. Wer ist schon wie Karlotta ein Findelkind und hat dann sieben Räuberväter? Jeder dieser Väter unternimmt mit ihr tolle Sachen. Das fand ich klasse!

Mia Fabian

1. Verbinde. Von welchem Buch spricht Mia und von welchem Fabian? Begründet eure Entscheidung.

2. Kreuze an, über welches Buch du mehr erfahren hast. ☐ Karlotta ☐ Paul

3. Was würdet ihr gerne über ein Buch wissen wollen?

4. Gib Mia Tipps, damit sie ihr Buch interessanter vorstellt.

Meine Buchvorstellung

Titel:

Autor/Autorin:

Welche Figuren kommen vor?

Wo spielt die Geschichte?

Was passiert?

Meine Lieblingsstelle: Seite ...

Mir gefällt das Buch, weil

1 Stelle ein Buch vor.

Aha

So stelle ich ein Buch vor:

- Ich sammle Informationen über das Buch (Autor, Titel, ...).
- Ich überlege, was für die Zuhörer interessant ist (Figuren, Handlungsort, ...).
- Ich wähle eine Stelle zum Vorlesen aus und übe sie.
- Ich präsentiere anderen das Buch.
- Ich erzähle, warum ich dieses Buch ausgewählt habe.

Dazu brauche ich diese Methode:

Ich kann andere über ein Buch informieren und dafür begeistern.

zum Beispiel: Seite 15, 22, 25, 31, 33, 47, ...

So war das Training mit meinem Trainingsheft

Diese Seiten im Trainingsheft haben mir besonders viel Spaß gemacht.

Auf diesen Seiten im Trainingsheft habe ich viel Neues gelernt.

Diese Methoden fand ich besonders hilfreich.

Diese Methoden muss ich noch mehr trainieren.

Das kann ich schon

Seite	Ich kann ...	Selbsteinschätzung	Datum
4/5	Ich kann Satzgrenzen erkennen.		
6/7	Ich kann Bildern passende Sätze zuordnen.		
8/9	Ich kann Bilder nach Angaben ergänzen.		
10/11	Ich kann unterschiedliche Schriften lesen.		
12/13	Ich kann erkennen, was zusammen gehört.		
14/15	Ich kann Aussagen verknüpfen.		
16–19	Ich kenne unterschiedliche Textarten.		
20/21	Ich kann eine Mindmap lesen.		
22/23	Ich kann ein Säulendiagramm lesen.		
24/25	Ich kann überfliegend lesen.		
26/27	Ich kann unbekannte Wörter klären.		
28/29	Ich kann wichtige Informationen finden.		
30/31	Ich kann eine Geschichte nacherzählen.		
32/33	Ich kann Meinungen zu einem Text austauschen.		
34/35	Ich kann Zwischenüberschriften finden.		
36–39	Ich kann Gedichte umformen.		
40/41	Ich kann eine Figur beschreiben.		
42/43	Ich kann einen Text ausdrucksstark vorlesen.		
44/45	Ich kann ein Buch vorstellen.		

Erarbeitet von
Ricarda Paulisch (Tecklenburg)
und Kerstin Riesberg (Wallenhorst)

Unter Beratung von
Kordula Belfqih (Krefeld)
und Ann-Katrin Ostermann (Köln)

Illustriert von
Susanne Wechdorn (Wien)

Quellennachweis

Seite 6: *Obstkarten basteln*, aus: Ursula Barff und Ingeborg Burkardt: Das 2. farbige Bastelbuch für Kinder; Falken Verlag 1999. **Seite 7:** *Experimente im Glas*, aus: Hans-Jürgen Press: Spiel, das Wissen schafft, Ravensburger Verlag 2004. **Seite 12:** *Zwei tierisch vermischte Gedichte*, Zibigniew Lengren: *„Grau und rot"* aus: Horst Bingel Hrsg: Deutsche Lyrik – Gedichte seit 1945, dtv München 1961 und Joachim Ringelnatz: *„Die Feder"* aus: Joachim Ringelnatz – Kleine Wesen, Österreichischer Bundesverlag 1989. **Seite 16:** *Der Hahn in der Wiese*, Rainer Kunze, aus: Gedichte, S. Fischer Verlag 2001. **Seite 17:** *Der Affenknabe Jadokus*, Peter Hammerschlag, aus: Der Mond schlug grad halb acht. Grotesk-Gedichte, Wien/Hamburg: Zsolnay 1972. **Seite 18:** *Es schleichen die schnurrenden Katzen ...*, Brigitte Peter aus: Domengo, Hans u.a.: Das Sprachbastelbuch, Jugend und Volk, Wien – München 1976. **Seite 30:** *Hilfe für „Kleine Wolke"*, Katja Reider, aus: Kleine Lese-Tiger, Indianergeschichten, Loewe, Bindlach 2001. **Seite 32:** Der Hund und das Stück Fleisch, nach Äsop. **Seite 36:** *Wann Freunde wichtig sind*, Georg Bydlinski, aus: Wasserhahn und Wasserhenne: Gedichte und Sprachspielereien, Dachs 2002. **Seite 38:** *Aus Glas*, Josef Guggenmos, aus: Was denkt die Maus am Donnerstag? © 1998 Beltz & Gelberg in der Verlagsgruppe Beltz, Weinheim/Basel. **Seite 40:** *Wie weckt man eine Elfe?*, Tanya Stewner, aus: Wie weckt man eine Elfe?, Fischer KJB 2010.

Abbildungsnachweis

Arena Verlag GmbH, Würzburg: **44.2** (Christian Seltmann: Plötzlich Vampir);
fotolia.com, New York: **5.1** (peach64), **25.1** (suzette77), **25.2** (byrdyak), **25.3** (zolastro), **28.1** (Aleksey Stemmer), **28.2** (Klaus Eppele), **28.3** (graja), **34.1** (soniccc), **34.2** (Stefan Thiermayer);
Hase und Igel Verlag, Garching: **44.1** (Ursel Scheffler: Karlotta und die sieben Räuberväter);
iStockphoto.com, Calgary: **26.2** (UroshPetrovic);
OKAPIA KG – Michael Grzimek & Co., Frankfurt/M.: **5.3** (Christian Handl/imageBROKER);
Universal Images Group, Berlin: **26.1** (images.de);
Wildlife Media, Hürm: **4.1** (Juniors Bildarchiv/M. Wegler);
Zoonar.com, Hamburg: **5.2** (Barbara Boensch).